AF791993

Deny Poker

Endlich Ich liebe…

Gedichte

Mauer Verlag
Wilfried Kriese
72108 Rottenburg a/N
Buchgestaltung: Wilfried Kriese
Titelbild: Deny Poker
2008
ISBN 978-3-86812-151-3
© Alle Rechte vorbehalten

www.mauerverlag.de

Meinen beiden Müttern

Inhalt

„Vorwort" von Christa Saitz:
Sehnsucht

Manchmal schau ich den Vögeln nach,
den schwarzen Krähen,
die vor meinem Fenster hoch am Himmel ihre Kreise dreh´n.
Aufwärts und abwärts fliegen, scheinbar schwerelos.

Und mich ergreift eine Sehnsucht ohnegleichen
Und ich möchte sie so gern erreichen.
Möcht´ mich so gern wie sie erheben,
wie auf Flügeln durch die Lüfte schweben.
Aufwärts, abwärts, schwerelos.

Könnt ich doch himmelwärts wie ihr gelangen!
Ach, die Schwerkraft hält mich hier gefangen.

Es gibt mich gar nicht

Mich stachelt das Gefühl
Als würde es mich gar nicht geben
Ich bin der letzten Jahre Müll
Trümmer und Asche nach Erdbeben.

Es hat mich aber sicherlich gegeben
Und da war auch was in meinem Innern
Die Bilder hatten doch ein Leben
Vielleicht kann sich noch wer erinnern?

Ich hoffe es wird mich wieder geben
Ich will viel nehmen und alles geben
Den Kopf bis zur Sonne heben
Und wieder lachen
singen
fühlen
lieben
Mein Leben leben...

Ist es zum Schaffen?

Lange auf Knien
Nun schlucke ich Erde

Ob ich noch aufstehen werde?

Ein gähnendes Nichts

In meiner Seele
Wohnt faule Leere
Dort wo Herz wäre
Gähnt ein Nichts

Wäre das doch
Zumindest ein Loch
Löcher haben
Wenigstens Boden

Aber dieses Nichts
Was bringt´s?

Verlorenes Ich

Verloren habe ich
Mein ganzes Ich

Muss ich mich wieder finden?
Muss ich mich wieder binden
wollen?
Was soll ich sollen?

Mein altes Ich gleich wieder finden
Ein neues Ich ganz neu erfinden
Soll ich jetzt wollen

Ich will nichts sollen.

Vater 1.Teil

Du musstest gehen
Ohne auf Wiedersehen
Hast gehen müssen
Und hast vergessen
Uns zu küssen.

Sieben lange Jahre
Wer streichelt mir Haare?
Siebtes Jahr Pause
Tausendste Jause
Gegen Seelenhunger, für Lebenslust
Brachte Finsternis und Frust
Keine Höhen, nur Tiefen
Als Mutter und ich verlassen schliefen
Kann frau sich gewöhnen
Nur Leiden, kein Stöhnen?

Meine Welt

Ob mich die Welt noch will?
Hab´ nicht viel vor
Kein großes Ziel
Das ist nicht in
Wenn ich nicht weiß
Wo geh´ ich hin.

Ich will mich nur treiben lassen
Welt sag nur: Würdest Du mich hassen
Wenn ich nur fließe
Und alles so wie es ist sein ließe?

Meine Welt
Leb´ ohne Geld
Mit viel Gefühl.
Das hat ´nen Sinn
Dort will ich hin
Sei DAS mein Ziel.

Wichtiges vergessen?

Die Welt eilt weiter
Und du eilst mit ihr
Getrieben von Gier
Nach Erfolg, nach Geld
Für mich aber kein Held

Muss alles nur erledigt werden?
Auch die Liebe?
Uns blieben nur Scherben

Willst du schneller sein als Licht?
Bitte sehr
Aber ohne mich.

Ich will nicht mehr.

Die keine Kleine

Hast kaum mit mir gesprochen
Ein Paar Herzen gebrochen
Zumindest das meine
Und sicher das deine
Nicht aber das kleine

Voll von Glück weine
Es gibt keine Kleine
Die für immer leidet
Weil Richter uns scheidet.

Meine Lektüre

Ich wusste sofort
Du bist nur Ersatz
Ein Buchstabe, Wort
Kein einziger Satz

Ich will ein Kapitel
einen ganzen Titel
Es ist mein Fluch
Ich brauch´ ganzes Buch.

Es ist aus

Die Woche ist aus.

Ziehe mich aus
Zünde mich an
Schnell muss es sein

Lösch´ mich wieder aus
Schau mich nicht mehr an
Es war gleich aus
Was ist schon mal dran?

Jetzt kommt es raus
Wann bin ich dran
Wenn Woche ist aus
Als Pflicht steht es an?

Das lehne ich ab
Da schreie ich: „Aus!!!“

Hier hören wir auf:
Ich drehe dich ab
Ich lösche dich aus.

Dann stehe ich auf
Ziehe mich an
Und fange neu an.

Mein letzter Wunsch

Ich habe saniert
        die Empfangsräume,
putze, sortiere und räume
                                        weg,
den letzten Mist, restlichen Dreck,
der Liebe Staub, der Träume Reste
und erwarte neue Herzensgäste.

Sei mal großzügig – mach´ eine Geste:
Verlasse endlich meine Träume.

Nicht mehr hassen – gehen lassen

ICH hab´ DICH verlassen
Du es zugelassen
Und mich gehen lassen.

Dann:
Wer hat wen verlassen?
Wird der Schmerz nachlassen?

Lass uns doch vergessen
Vorwürfe weglassen
Zorn und Hass entlassen.

Endgültig loslassen!!!

Abschied

Für Deine Liebe bleibe ich Dir
Für immer
Mit meinem Herzen verbunden.

Als Mensch bist Du aber heute
Mit der silbernen Wolke
Aus meinem Leben verschwunden.

Ein Anfang ist vom Ende Ende

Mit Kraft am Ende
Überall Wände
Das ist mein Ende
Das Eis, das ich sende.

Wann hat´s ein Ende?
Wann kommt die Wende?

Die Strahlen, die Strände
Glühende Sände
Zwei wärmende Hände
Der Liebe Sonnenbrände?

Entdeckungsreise 1. Teil

Versteck´ Dich vor Menschen
Sie verletzen Dich alle
Das sahst Du schon selber
Mehrere Male.

Zu Hause mach´ Pause
Ins Innere Reise
Im Bett wie im Hafen
Kannst rasten, schlafen.

Kein Kloster, kein Stift
Nur Papier und Stift
Weder Städte noch Inseln
Nur Leinwand und Pinseln
Kein Kitsch, keine Ware
Nur Stimme, Gitarre.

Kopf unter Decke
Schau in jede Ecke:
In Dir breite Felder
Und tiefe Wälder
Türen und Schlösser
Wann wird es besser?

Schlange stehen – bald wird´s gehen

Ich warte schon lange
So lange steh´ ich Schlange
Langweilig – Schlange
Es dauert zu lange.

Genug Salz vergossen
Tür bleibt geschlossen.

Um Hals enge Schlinge
Wie aus Stahl feste Ringe
Brich schnell diese Dinge
Damit was weiter ginge.

Nur durchhalten, hoffen
Das Tor bald breit offen.

Wieder lieben

Wo kann ich mein Herz zurück kaufen?
Statt gehen will ich lieber laufen
Statt laufen lieber rennen
Statt leuchten lieber brennen.

Statt mieten will ich selber bauen
Statt sparen werde ich ab sofort klauen.

Wann stoppt der Schmerz?
Wo ist mein Herz
Geblieben?

Ich sehne mich – will wieder lieben!

Dämmerung

Dämmerung

Entführe mich dem finst´ren Wahn
Sei doch mein Wecker, sei mein Hahn
Der nach der langen dunklen Nacht
Zeigt mir das Leben, des Tages Pracht.

Hole mich raus, aus diesem Schleim
Sei meine Bürste, sei mein Kamm
Begleite mich durch diese Wonne
Der zwölfstündigen Tour der Sonne.

Dann bring mich zurück in die Nacht
Zum Mond, zu Sternen, zur Liebe Pracht
Weg ist der Schleim
Weg ist der Wahn
Uns gehört die Zeit
Wir sind zu zweit.

Zu Früh

Die stille Zeit,
Nacht gähnt breit,
Morgen Abend küssen mag –
So wenig Tag.

Morgen für Morgen durch Weltall
Schneller als Schall
Nachricht, wie Gedicht.

Du verreist,
Stadt vereist,
tanzen Flocken
Zwischen Weihnachtsglocken.

Vorsichtig –
Schritt für Schritt
Ziehe mein Herz ans Tageslicht.
Vielleicht wird´s heilen
Schreiben für Schreiben,
Wort für Wort -
nicht sofort.

Endlich Fieber –
Du gegenüber.
Den Blick zu Dir heben,
Hände schütteln.
Hände zittern
Kleben.

Gloriette und
Heiße Tasse.
Nasse
Hände
Bauen Wände.

Du tapfer, mutig,
stolz,
ich feige.
Mein Herz blutig,
rohes Holz,
noch keine Geige.
Wann kommen Töne?
Wenn ich mich
Gewöhne
Ans Ich.

Ohne Dich – alleine – gehe ich – den Weg – der mich – veredelt und pflegt.

Auch
hören willst Du meiner Stimme Hauch.
Ich flüchte
Bitte berichte
NICHT
was passiert –
mehr als Flirt.
Nach Eurem Ball
Verweht ihr Schal.

Es tut weh.

Bis ich seh´
Die Möglichkeit.
Eure Romanze
- im Vertrauen –
Gibt mir Zeit
Zum Abbauen
Der Schanze.

Alleine – in der Tat – betrete ich den Pfad – den Weg - der mich – vervollständigt und pflegt:

Winterschlaf – Einsamkeit, Härte,
Aufwachen, wenn´s blüht,
Reife, wenn Sonne glüht,
im Herbst – die Ernte?

Wieder wenig Tag,
Abend Morgen streicheln mag,
Nacht lacht breit.
Der Liebe Zeit
Meine Zeit –
Bin bereit.
Bin im Ziel.

Ein neues Spiel?
Wenn Du magst
Wenn ich noch will...

Vier Jahreszeiten

Angst vor der Liebe

Ich habe Angst
vor der Liebe jetzt bekommen.

Ich habe Angst
mich zu verlieben – mich zu verlieren
ins Schleudern zu kommen.

Doch hab´ ich auch Angst,
zu verlangen aufzuhören
das neue Gefühl zu zerstören
noch vor dem Anfang – bevor wir starten
es kam zu schnell. Nimm mich auf Raten.

Lass mich allein – noch eine Weile
vorbereite Rettungsgurte, entgifte Amors Pfeile
vorbereite Rettungsseile, in allen Stärken – in allen Längen.

Ich habe Angst
meine Seele in der Zugluft aufzuhängen.

Erste Liebesmahlzeit

Mein erstes Zuhause
Gönnt mir ´ne Pause
Von dem großen Geschehen.

Nach draußen zu gehen
Trau´ ich mich nicht
Dort sticht das Licht.

Bin völlig zerbrochen
Will für zwei kochen
Wann essen wir gemeinsam?
Ich bin so traurig, so leer, so einsam.

Und der Tisch
Steht so frisch
Wartet nur auf volle Teller
Auf ihm zu lieben – ein Stimmungsheller.

Verkoste mich bis zum kleinen Zeh.
Ich muss wieder glühen, bis es Weh
Tut.

Nur Mut!

Moderne Liebe

So natürlich diese Dinge
Die wir hier tun – ganz ohne Ringe
Sind ungebunden, sind so frei
wen kümmert schon der Seele Brei?

Es treibt doch jeder, oft und gerne
Versteck´ Gefühle, lass sie der Ferne
Denn das, was heute zählt
Ist das, was gut tut, was jetzt gefällt.

Keine Sorgen,
ich trage Dich
zu vielen Bergen
bis kommt das Licht.
Erst dann Kopfzerbrechen
                    Schreien, Weinen, Bereuen
                    Erbrechen.

Leer ist die Wohnung, er braucht jetzt seine
Und in der Luft ganz ohne Leine
Lasse ich noch drei
                              vier
                              fünf Gipfel hängen
Um stumme Schmerzen zu verdrängen.

Rollentausch

Weiblichkeit verloren
Sie will kämpfen
lenken
bohren.

Männlichkeit gebrochen
Für ihn bleibt nur´s Kochen.

Es muss doch nicht sein!

Die schönste Frau, ganz makellos
Und fehlerfrei, das zweifellos
Die Möglichkeiten grenzenlos
Weiß gar nicht, was heißt erfolglos.

Na dann?
Was ist denn los?
Nichts ist los.
Es ist nur bloß:
Mein Storch ist noch arbeitslos!

Mensch, ganz skrupellos
Stopp ´s Verdienen und rate
Ob zu stoppen ist,
der Galopp der Storcharbeitslosenrate?

Ist das der heutigen Frau
böses Los?
Bleibt ganze Welt bald
kinderlos?

Unter der Oberfläche

Ein Brief an mich…

…für Dich persönlich würde es mich freuen, wenn es Dir gelingt, eine bewusste Pause einzulegen, um nach so vielen Jahren vollen Einsatz wieder zu Dir zu kommen und Energie zu tanken.

Dass Du Bildschirmstrahlen gegen Sonnenstrahlen tauschst, den Stadtlärm gegen Meeresrauschen, Krampf und Anstrengung gegen Loslassen und Entspannung und vor Allem die Flucht gegen ein Zuhause.

Dass Du einfach endlich genug Zeit und Herzenskapazität für die wirklich wichtigen Dinge und Menschen – für die Liebe, für die Welt und Dich selber – hast, bevor Du Dich ins nächste Projekt stürzt.

Und ich bin davon überzeugt, egal für wie viele auch immer Du Dich dann entscheidest, Du wirst eine gute Mutter sein. Weil Du die Mütterlichkeit, Fürsorge und die Liebe einfach im Blut und im Herzen hast…

Gott macht keine Fehler

Heute stelle ich die Frage:
Was soll diese Umfrage?
Wie Gott Frau haben will
Ist es wirklich nur für´n Müll?
Dann frage ich mich, frage
Die Antwort kaum ertrage:

Ist Ruhm mehr als die Liebe?
Das Verdienen – der Zeit größter Diebe?
Will frau Belastung doppelt
Eile, Hast gekoppelt?
Das Zeug, das uns davon hält
Das zu erzeugen, was uns fehlt:
Für Zukunft neue Leute
Der heutigen Zeit Beute.

Wie verbessern wir die Zahlen?

Lass ihn planen, lass ihn führen
Lass ihn Mann sein, beim Arbeiten, sich Paaren.
Adam in ihm wird es schmeicheln
Er will Eva wieder streicheln

Wenn alles göttlich bliebe
Hätten wir mehr Liebe.
Ich darf mich nicht belügen –
Will Eva sein. Mich fügen.

Liebe zum Nachbacken

Für ihn gibt man Mut
Und Anzug und Hut
Geborgenheit, Stärke
Und technische Werke.

Für sie gibt man Ruhe
Handtaschen, Schuhe
Wärme, Lärm, Stärke
Und seelische Werke.

Ganz zärtlich vermischen
Die Grenzen verwischen,
vor Kindern versperren,
Tag-Nacht verzerren.

So bin ich

Darf ich mich wagen
Die Wahrheit zu sagen?
Ich bin nicht so brav
Wie ein blindes Schaf.

Ich will mich bald wagen
Beenden das Plagen
Durchbrechen den Damm
Kein Opfer, kein Lamm.

Jetzt muss ich mich wagen
Die Wahrheit laut sagen
Ich muss sofort wieder
So frech sein wie ´n Widder.

So wie ich bin

Ich wollte mich mies definieren
Durch dünne Haut und schwache Nieren
Durch wenig Haare, leeren Magen
Hunger soll mich ewig plagen.
Disziplin, die Früchte bringt
Gewichtskurve erfolgreich sinkt
Mann, hab´ ich geprostet
Es hat mich die Frau gekostet.
Es war kein Scherz
´s Verstecken vom Herz
Es war meine Flucht
Diese Magersucht.

Frau braucht weiche Hülle
Die Lebens- und Leibesfülle
Mir ist es – Gott sei Dank – gelungen
Dichte Haare, volle Lungen.
Hab´ neue Schönheit nun gefunden
In meinem Körper – vollen, runden,
zurück sind Schenkel
der Liebe Henkel.
Ich bin wieder rund
Mein Leben strahlt bunt
Aus einfachem Grund
Bin glücklich, gesund.

So zu leben macht mehr Sinn
Ich bin doch schön -
so wie ich bin!

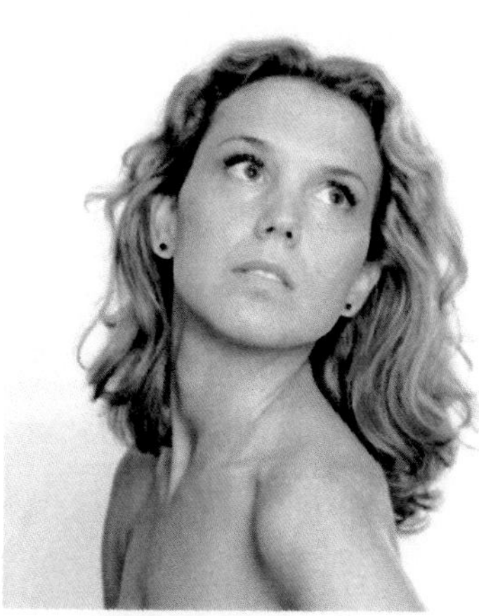

Dein Liebesmenü

In meinem tiefsten Inneren
Unter dem Kalten, Harten, Bitteren
Weilt was Weiches, pikant und süß
Aus Sinnlichkeit und Wärme Spieß.

An meiner Spitze herrscht sogar Hitze
Der Punkt hat gern Fieber
Schäl mich wie Zwiebel:
Schale für Schale
Und Stück für Stück.

Fühl Dich nicht schuldig
Sei nur geduldig
Wenn Du es schaffst, dann kommt für beide
Leckere Zeit
So weich wie Samt – so zart wie Seide.
Dann kommt das Wahre
Das wahre Glück – mein Augenblick:

Mit Angst ist Schluss
Leere vergessen
Nur noch Genuss.

Du darfst mich essen.

Löwe-Löwe ohne Mähne

Es fällt Tau, im Mondes Schein
Streicheln wir Gräber, jeden Stein
Nur wir zwei, uns gehört die Nacht
Ein Traum und Zauber, Magie, Pracht
Nur wir zwei, ein wahrer Traum
Krone der Nacht – Morgengrauen.

Du küsst mich, Sehnsüchte rufen
Wir rennen hoch, verschlingen die Stufen
Du kennst weder Schuld
                    noch Geduld
Noch beide gekleidet, noch offen die Tür
Da brüllt der Löwe, da stöhnt das Tier,
getrieben von Lust, Leidenschaft, Gier:

Ich heißer Widder, Du wilde Katze,
umarme mich, sauge, verwöhne und kratze
trink aus mir und streichle und küsse
den süßen Spalt, Grenze der Füße.

Sei fest und stürmisch doch sanft genug
Du sprengst meinen Rahmen – im Atemzug,
mein Blut kocht, Dein Herz rast schneller,
zerronnene Welt wirkt immer heller
Trapez formt sich rund
Kein Wasser im Mund
So heiß wie die Hölle
Welle fängt Welle
Dann verschmilzt in Hitze
Gipfel mit Spitze.

Den Abschied, die Trennung bring ihnen der Schlaf
Er nüchtert zum Gentleman – rücksichtvoll, brav
Genau eine Stunde
Bringt jede Runde
Und jedes Dreieck
Stiehlt ihr ihn weit weg
Mit jedem Aufwachen wächst die Distanz
Verliert der Kater der Augen Glanz.

Kein Brüllen mehr – der Leidenschaft Töne:
Weg ist ihr König samt seiner Mähne
Verläuft sich der Löwe
in Wüste, im Traum
Da kommt erste Träne
Ein hoher Zaun.

Sie spürt ihn weder – riecht ihn noch
Was bleibt?
Nur Sehnsucht nach mehr, tiefer, hoch
Nach seiner Nähe und seinem Duft
Kälte verbreitet sich, tiefe Kluft.

Den Abschied, die Trennung bringt ihnen die Zeit
Alles zu geben sind sie nicht bereit.

Verletzend die Worte – scharf wie die Klinge:
Er hat sie so lieb
…doch tot sind Schmetterlinge.

Enttäuschung

Genauso habe ich es vermutet
Mein Herz zerbricht und blutet...

Mosaik

Ich bin zerfetzt auf Einzelteile
Das Bild zu retten braucht ´ne Weile.

Gib´ wieder Farbe zu Farbe
Verdeck´ die Narbe
Gib´ Stein zu Stein

Finde mich
Liebe mich
Führ´ mein Herz heim.

Ich definiere mich neu

Es kommt schon noch

Für Schönheit setze ich kein Maß
Sollst gerne da sein, am Leben haben Spaß
Ich merke nicht – nicht einmal im Tageslicht
Ob Dein Kopf ist kahl
Will vom Herzen der Wärme Strahl.

Du lässt mich rein, zu Dir,
und lässt mich sein - ich danke Dir –
so wie ich bin:
Du lässt mich sein
Mal groß mal klein.

Deine Seele vom feinsten fein
Wie Du mich pflegst ebenfalls
Verlorenes schlägt in der Brust
Springt bis zum Hals.

Du bringst mich zurück ins Leben
Hilfst Schweres heben – fast abheben
Gefühle zu zeigen fällt Dir leicht
So voll, so echt und gar nicht seicht.
Berührung, Zärtlichkeit, Geborgenheit
Zeit nur für uns – für reife Zweisamkeit.

Bring mir doch bei, wie man vertraut
Dass man so liebt, bis man sich traut
Dann kommen
Auch die Nachkommen
Schritt für Schritt
Zu weit, zu dritt.

Die Wunden werden längst verheilen
Die Liebe muss ich Euch nicht teilen
Für Euch lass´ ich sie vermehren
Und Dich will ich für immer ehren.

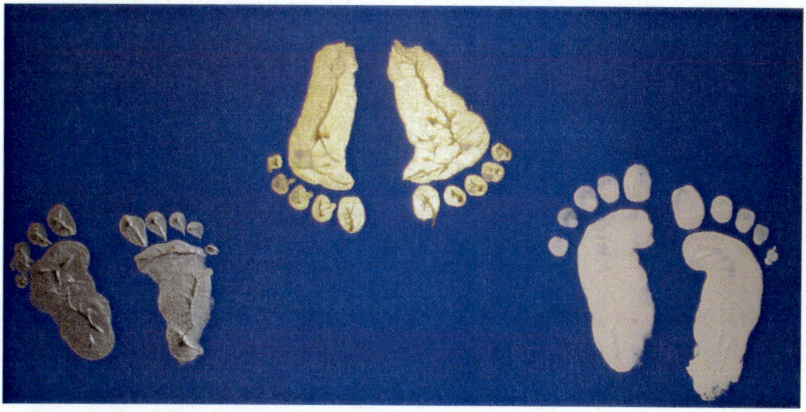

Kinderwunsch

Eins zwei – einsam sein

Wer hat gesagt man solle erst bei zwei zum Zählen anfangen?

Es stimmt nicht.
Zumindest nicht ganz:
Für mich ist eins
Manchmal genau richtig.

Dann genieße ich Leere
Die scharfe Schere
Der Sinne öffnet sich breit.

Ich liebe Einsamkeit…

Vater 2.Teil

Es vergingen die Jahre
Der Schmerz wurde schwächer
Wieder streichelst mir Haare
Bist für mich wie Dächer:
Du schützt mich vor Regen.

Dich wieder lieben zu dürfen
Ist mir ein Segen.

Vrátil ses

Houpání na trati, dlouhý den
Dnes se vyplatí vzít srdce ven
A oddálit cestu do peřin.

Schoulím se na Tvůj klín,
Tvoje holčička
Nechá si vtisknout za víčka
Klidný sen.

Ať jsi kde jsi
Vždy mě ochraňuj
Cítím Tvou blízkost, starost,
zájem Tvůj.

Jsem šťastná,
že Tě zase mám,
že Tě znám
i nově poznávám.

Že ses
- teď už navždy –
vrátil k nám.

Du bist zurückgekommen (Vrátil ses)

Ohne Anspruch auf Reime

Schaukelnde Gleise
Ein langer Tag
Heute wäre es weise
Das Herz auszuführen
Und den Weg unter die Decke auszuzögern.

Ich kuschele mich auf Deinen Schoß
Dein kleines Mädchen
Und lasse mir
Hinter die Augenlider
Einen ruhigen Traum einprägen.

Egal wo Du bist
Beschütze mich jederzeit
Ich spüre Deine Nähe, Fürsorglichkeit
Deine Neigung.

Ich bin glücklich,
dass ich Dich wieder habe
dass ich Dich wieder kenne
und neu kennen lerne

Dass du
- jetzt für immer-
zurück zu uns gekommen bist.

Táto, tatínku, tatínečku

Táto, tatínku, tatínečku,
Chci si Tě aspoň na chvilečku
Odnést do svých snů,
Do svých nocí, do svých dnů.

Táto, tatí, tatínku,
Buď jen můj aspoň chvilinku
Uveleb mě na svůj klín
A neznám bázeň, neznám splín.

Táto, tatínku, tatínečku,
Až obléknu si bílou vlečku
Stůj při mě, buď při mém boku
Buď ochránce mých příštích roků.

Táto, tatí, tatínku,
Buď jen můj aspoň chvilinku
Uveleb mě na svůj klín
A neznám bázeň, neznám splín.

Vater, Vati, Väterchen (Táto, tatínku, tatínečku)

Vater, Vati, Väterchen
Ich will mir Dich, nur für ein Weilchen
In meine Träume tragen
In meine Wahrheit, meine Sagen.

Vater, Vati, Väterchen
Sei nur mein, nur für ein Weilchen
Setz mich bequem auf Deinen Schoß
Weg fliegt meine Angst, Glück grenzenlos.

Mein Vater, sei bei mir bei der großen Feier
Wenn meinen Kopf deckt ein weißer Schleier
Vor Leid und Traurigkeit mich bewahre
Beschütze meine nächsten Jahre.

Vater, Vati, Väterchen
Sei nur mein, nur für ein Weilchen
Setz mich bequem auf Deinen Schoß
Weg fliegt meine Angst, Glück grenzenlos.

Brief an mein Herz

Danke, Barbara

Hab´ ich Dich geahnt?
Vernunft hat gewarnt
Ich hab´ Dich getarnt
Du hast mich gemahnt:

Lass mich nicht plagen,
lass mich doch schlagen!

Dann B. hat mich berührt
Und ich Dich tief gespürt.

Ich hab´ keine Ahnung
Wozu die Tarnung
Zerreiße die Mahnung
Für immer…
…Entwarnung.

Verstand und Gefühl

Cítím lásku

Po dlouhé době cítím lásku.

Cítím ji ve svém středu – na prsou.
Proudí mi celým tělem
Rukama a nohama až do prstů
Až do posledního článku
Do polštářků

Jde mi do očí a kane každou slzou.

Ich spüre die Liebe (Cítím lásku)

Nach langer Zeit empfinde ich Liebe.

Ich spüre sie in meiner Mitte – in der Brust.
Sie strömt mir durch den ganzen Körper
durch die Hände und Beine
Bis in die Finger- und Zehenspitzen.

Sie steigt mir in die Augen und rinnt mit jeder Träne.

Jarní vánku

Jarní vánku
Vymámi mě ze zimního spánku
Až zase
Poskočíš mi o hodinu v čase.

Jarní dešti
Odpař sevření těch kleští
Rozbubnuj váhavost
Biju i žiju pro radost
Hlaď mě po celém těle
Vášnivě, krutě, vesele.

Vlahé krůpěje
Smyjte ze mě hřích
A od nynějška roňte smích
Poezii, potěšení, kapky naděje.

Jarní paprsky
Plné záře
Dopadejte na mé tváře
Bradavky, na můj střed, na pysky
Rozpalte mě docela
Od jara do léta
Do červena do běla.

Jarní mezi,
Hlaď mě, laskej mě,
miluj bez mezí.

Frühlingsbrise (Jarní vánku)

Ohne Anspruch auf Reime

Frühlingsbrise
Locke mich aus dem Winterschlaf
Wenn du in der Zeit wieder eine Stunde
Nach vorne springst.

Frühlingsregen
Dampfe die Einklemmung der Zange ab
Zertrommele das Zögern
Ich schlage und lebe für die Freude
Streichle meinen ganzen Körper
Leidenschaftlich, hart, heiter.

Feuchtwarme Tropfen
Wischt die Sünde von mir weg
Und ab jetzt rinnt das Lachen,
Poesie, Vergnügen, Tropfen der Hoffnung.

Frühlingsstrahlen
Voll von Schimmer
Fallt auf meine Wangen
Brustwarzen, auf meine Mitte, auf die Lippen
Entbrennt mich ganz
Von Frühling bis in den Sommer
Von rot bis weiß.

Frühlingsfeldrain
Streichle mich, liebkose mich
Liebe mich ohne Grenzen.

Entdeckungsreise 2. Teil

Und nach langer Pause
Kommt echte Reise
Durch jeden Hafen.
Ich kann wieder schlafen!

Mit Sonne mich decke
Ich brauch´ keine Ecke
Küsse reife Felder
Grüße Berge, Wälder
Burgen und Schlösser
So geht´s mir besser.

Aus Kloster und Stift
Schreibe Karte mit Stift
Ich male Inseln
Mit färbigen Pinseln
Kaufe alle Ware
Höre Stimmen, Gitarre.

Umarme die Menschen
Mehrere Male
Ich liebe mich selber
Sie lieben mich alle.

Endlich

Endlich
Ich liebe mich…

Was alles mag sein gewesen
Nun – mit meinem ganzen
Breiten, warmen Herzen
Liebe ich mein ganzes Wesen.

Endlich
Ich liebe mich
Unendlich…

Verbundene Herzen

Vorwort, Bilder und Fotos:

- Gedicht „Sehnsucht" von Christa Saitz, erschienen in „Deine Vorbilder spiegeln dich", Ennsthaler Verlag Steyr 2008
- Färbige Bilder von Deny Poker 2004-2008
- Foto „Die keine Kleine" und „So bin ich" aus Familienarchiv Deny Poker
- Foto Cover hinten und „So wie ich bin" von Carina Ott www.carina-ott.at